BEI GRIN MACHT SICH IHR WISSEN BEZAHLT

AF125123

- Wir veröffentlichen Ihre Hausarbeit,
  Bachelor- und Masterarbeit

- Ihr eigenes eBook und Buch -
  weltweit in allen wichtigen Shops

- Verdienen Sie an jedem Verkauf

Jetzt bei www.GRIN.com hochladen und kostenlos publizieren

Bibliografische Information der Deutschen Nationalbibliothek:

Die Deutsche Bibliothek verzeichnet diese Publikation in der Deutschen National-
bibliografie; detaillierte bibliografische Daten sind im Internet über http://dnb.d-
nb.de/ abrufbar.

Dieses Werk sowie alle darin enthaltenen einzelnen Beiträge und Abbildungen
sind urheberrechtlich geschützt. Jede Verwertung, die nicht ausdrücklich vom
Urheberrechtsschutz zugelassen ist, bedarf der vorherigen Zustimmung des Verla-
ges. Das gilt insbesondere für Vervielfältigungen, Bearbeitungen, Übersetzungen,
Mikroverfilmungen, Auswertungen durch Datenbanken und für die Einspeicherung
und Verarbeitung in elektronische Systeme. Alle Rechte, auch die des auszugsweisen
Nachdrucks, der fotomechanischen Wiedergabe (einschließlich Mikrokopie) sowie
der Auswertung durch Datenbanken oder ähnliche Einrichtungen, vorbehalten.

Impressum:

Copyright © 2018 GRIN Verlag
Druck und Bindung: Books on Demand GmbH, Norderstedt Germany
ISBN: 9783668967922

Dieses Buch bei GRIN:

https://www.grin.com/document/488829

Anonym

Exegese von Mk 2, 2.12. Die Heilung des Gelähmten

GRIN Verlag

GRIN - Your knowledge has value

Der GRIN Verlag publiziert seit 1998 wissenschaftliche Arbeiten von Studenten, Hochschullehrern und anderen Akademikern als eBook und gedrucktes Buch. Die Verlagswebsite www.grin.com ist die ideale Plattform zur Veröffentlichung von Hausarbeiten, Abschlussarbeiten, wissenschaftlichen Aufsätzen, Dissertationen und Fachbüchern.

Besuchen Sie uns im Internet:

http://www.grin.com/

http://www.facebook.com/grincom

http://www.twitter.com/grin_com

Inhalt

1. Einleitung

Die Bibel stellt als Hauptzeugnis des Christentums eines der bedeutsamsten literarischen Werke der Menschheit dar. Diese kann auf unterschiedliche Arten interpretiert und ausgelegt werden. Ziel dieser Arbeit soll sein, sich auf der Basis der historisch- kritischen Analyse eine Perikope aus dem Markus Evangelium zu erschließen. Die hierfür gewählte Methode ermöglicht einen „methodisch reflektierten" Zugang, um sich der Bibel als Ort der Vergangenheit zu nähern.[1] Zu analysieren sind die Verse 2, 2-12 (aus dem Evangelium nach Markus.)

Vorab wird die Perikope geschichtlich eingeordnet und die jeweiligen Aussagen werden aufgrund dieses Kontextes überprüft. Danach erfolgt eine historisch- kritische Interpretation. Den Hauptteil der Exegese bilden synchrone Methoden zur Untersuchung der Perikope: Auf eine syntaktische Analyse erfolgt eine semantische. Darauf bauen eine narrative Analyse sowie die Form- und Gattungskritik, welche den Übergang zum diachronen Zugang bilden. Dieser beinhaltet eine Motiv- und Traditionskritik, sowie eine Redaktionskritik. Im Anschluss erfolgt eine Einzelauslegung und eine theologische Auswertung des Textes, sowie der Wirkungsgeschichte des Auszugs. Abschließend werden die Ergebnisse zusammengefasst und ausgewertet.

Da noch keine ausreichenden griechisch Kenntnisse angeeignet wurden, wird auf eine Übersetzung der Perikope verzichtet, anstelle davon wird die Einheitsübersetzung der Bibel als Textquelle verwendet.

2. Synchrone Analyse

In der modernen Bibelwissenschaft wird zunächst eine synchrone Textanalyse durchgeführt. Dies bedeutet, dass der Text in seiner jeweiligen Gestalt untersucht wird, die er zu einem bestimmten Zeitpunkt in seiner Geschichte aufwies.[2] Die Entstehung und Veränderung des Textes können dann anschließend mit dem diachronen Zugang untersucht werden.

---

[1] ZENGER S.81
[2] https://www.uni-muenster.de/imperia/md/content/fb2/a-biblischetheologie/zeit-undreligionsgeschichtedesnt/schumacher/text_2__egger_.pdf

Die Evangelien des Neuen Testaments wurden in der scriptio continua ohne Satzzeichen und ohne Zwischenräume überliefert. Zudem fehlten Absätze und Überschriften zur Kennzeichnung einzelner Sinnabschnitte und Erzählungen. Aufgrund dessen mussten vorerst in sich abgeschlossene Texteinheiten definiert werden.

Aufgabe des synchronen Textzuganges ist die Definition einer Perikope mithilfe einer Abgrenzung zum vorausgehenden und nachfolgenden Text. Zudem wird die Gliederung und die Kontextgebundenheit der Perikope untersucht. Hilfreich hierbei ist die Untersuchung im Hinblick auf Orts- und Personenwechsel, da diese auf ein neues Thema hinweisen. Ebenfalls nützlich ist die Analyse der verwendeten Syntax und Vorgehensweise.

Um die zu analysierende Perikope richtig zu deuten, kann sie nicht nur vor dem Hintergrund des Mikrokontext analysiert werden, sondern auch im Hinblick auf den Makrokontext.

Die Perikope Mk 2, 1-12 ist dem Wirken Jesu in Galiläa zuzuordnen.[3] Im Rahmen des Mikorkontextes ist sie nach der Heilung eines Aussätzigen (Mk 1, 40-45) zu finden. Dort vollzieht Jesus seine erste Wunderheilung, bitte den Aussätzen anschließend darum, dass er es für sich behält und im Tempel ein Reinigungsopfer darbringt. Der Mann hält sich jedoch nicht daran und erzählt allen was geschehen ist. Daraufhin kann sich Jesus nicht mehr in den Städten aufhalten. Auf die zu analysierende Perikope folgt die Berufung Levi und das Mahl mit den Zöllnern (Mk 1, 13-17). Dort isst Jesus zusammen mit Söldnern und Sündern in Levis Haus. Als die Schriftgelehrten dies mitbekommen, kritisierenden sie Jesus dafür, dass er mit den Sündern speist. Daraufhin entgegnet er ihnen, dass er hier ist um die Sünder zu bekehren und nicht die Gerechten.

Die Perikope Mk 2, 1-12 beginnt mit der Rückkehr Jesu nach Kafarnaum.

Die Heilung des Gelähmten ist die Einleitung in den als „das vollmächtige Handeln in Kafarnaum"[4] beschriebenen Abschnitt. Wie bereits erwähnt wird die Perikope mit der Rückkehr Jesu nach Kaparnaum eingeleitet, woraufhin sich dessen Bewohner in Jesus Unterkunft versammelten, um sein Wort zu hören. Aufgrund der vielen Menschen, die das ganze Haus einnahmen, gelang es einer Gruppe von vier Männern nicht einen Gelähmten zu Jesus zu bringen. Daher deckten sie das Dach ab und ließen das Bett auf dem der Gelähmten lag herab. Als Jesus den Glauben der vier Männer sah, versprach Jesus dem Gelähmten die Vergebung all seiner Sünden, was von den Anwesenden schweigend als Gotteslästerung kritisiert wurde. Als Jesus bemerkte was sie dachten, fragte er sie was leichter zu sagen sei, dass dem Gelähmten seine Sünden verziehen seien, oder das er aufstehen und gehen solle. Daraufhin fügte er hinzu, dass

---

[3] Vgl. Bormann, 2009
[4] Schenke,2005 S. 81.

3

er als Menschensohn die Vollmacht Gottes habe auf Erden Sünden zu vergeben. Dann wendete er sich zu dem Gelähmten und fordert ihn auf aufzustehen, sein Bett zu nehmen und nach Hause zu gehen. Dies befolgte der Mann und er konnte zur Verwunderung aller wieder laufen. Daraufhin priesen alle Anwesenden Gott. Dieser Textabschnitt lässt sich daher als eigenständige Perikope definieren, da ein Ortswechsel stattfindet: Jesus kehrt zurück in die Stadt Kafarnaum, dort beginnt und endet die Heilung des Gelähmten. Zudem treten neue Akteure auf: Der Gelähmte mit seinen vier Begleitern, die Einwohner der Stadt und die Gelehrten, die Jesus kritisieren.

Aufgrund dessen kann die Perikope in zwei Kontexstränge geteilt werden. Zum einen findet ein Streitgespräch zwischen Jesus und den Schriftgelehrten statt, zum anderen die Wundererzählung, welche als Rahmenhandlung dient.

Wie man dem Verlauf des Makrokontext entnehmen kann, leitet diese Wunderheilung eine Anzahl an Streitgesprächen zwischen Jesus, den Pharisäer, Sadduzäer und den Schriftgelehrten ein, da auf sie weitere Wundertaten und Gleichnisse folgen. Im Laufe des Evangeliums spitzt sich dieser Konflikt weiterhin zu und endet mit der Verteilung Jesu in Mk 3, 6.

2.1 Gliederung und Texteinheiten

1 Als **er** einige Tage später nach **Kafernaum zurückkam**, wurde **bekannt,** dass er **wieder zuhause war.**	**Einleitung:** Aktant: „Er" hiermit ist Jesus als Protagonist gemeint Ort: Kapernaum Handlung: Jesus kehrt zurück nach Kapernaum. Dies bleibt nicht lange unbekannt.
2 Und es **versammelten** sich so **viele Menschen**, dass **nicht** einmal mehr vor der Tür **Platz war**; und er **verkündete ihnen das Wort.**	**Beginn:** Aktanten: Jesus und viele Menschen Ort: keine genaue Angabe, vermutlich am/im Haus wo sich Jesus aufhält (dieser Ort wird innerhalb der Perikope nicht geändert, daher wird er im Folgenden nicht erwähnt) Handlung: Es versammeln sich so viele Menschen vor/ in dem Haus, dass es keinen Platz mehr gibt, nur um Jesus Wort zu hören.

3 Da **brachte** man einen **Gelähmten** zu ihm; er wurde von **vier Männern** getragen. 4 Weil sie ihn aber wegen der vielen Leute nicht bis zu Jesus bringen konnten, **deckten** sie dort, wo Jesus war, das **Dach ab**, schlugen (die Decke) durch und ließen den Gelähmten auf seiner Tragbahre **durch die Öffnung hinab.**	**Beginn der Haupthandlung:** Altanten: Gelähmter als Antagonist und seine vier Begleiter, Jesus, Menschenmenge Handlung: Vier Männer wollen einen Gelähmten Mann zu Jesus bringen, da das haus aufgrund der vielen Menschen überfüllt ist, decken sie das Dach ab, um den Gelähmten hinabzulassen. *Steigende Handlung, Auftreten des Antagonisten, Einleitung der Wundertat durch den Hilfsbedürftigen*
5 Als Jesus ihren **Glauben** sah, sagte er zu dem Gelähmten: **Mein Sohn**, deine **Sünden** sind dir **erlassen.**	**Haupthandlung/ Höhepunkt:** Aktanten: Jesus, der Gelähmte und dessen Begleiter Handlung: Jesus erkennt den Glauben der vier Männer und erlässt dem Gelähmten seine Sünden Kernaussage der Perikope: • Erlösung der Sünden durch Glaube an den Herrn • Anrede „mein Sohn" als Synonym für Kind Gottes • Passiver Sündenerlass: Gott handelt durch Jesus
6 Einige **Schriftgelehrten** aber, die dort saßen, **dachten** im Stillen: 7 Wie kann dieser Mensch so reden? Er **lästert Gott. Wer kann Sünden vergeben** außer dem einen Gott?	**Haupthandlung/ beginnender Konflikt:** Aktanten: Schriftgelehrte Handlung: Auftritt der Schriftgelehrten, diese kritisieren die Sündenvergabe Jesu und bezeichnen ihn als Gotteslästerer. Sie lehnen Jesus ab, da alleine Gott Sünden vergeben darf/kann. Um dies zu betonen Wiederholen sie „Gott" und ihr Staunen wird in rhetorischen Fragen ausgedrückt

8 Jesus aber **erkannte** sofort, was sie dachten, und sagte zu ihnen: Was für Gedanken tragt ihr im Herzen? 9 **Ist es leichter**, zu dem Gelähmten zu sagen: Deine Sünden sind dir vergeben!, oder zu sagen: Steh auf, nimm deine Tragbahre und gehe umher? 10 Ihr aber sollt erkennen, dass der **Menschensohn die Vollmacht hat**, hier auf Erden **Sünden zu vergeben.** Und er sagte zu dem Gelähmten:	**Hauptteil/ Streitgespräch** Aktanten: Jesus, Schriftgelehrten Handlung: Jesus erkennt die negativen Gedanken der Schriftgelehrten und Antwortet auf diese mit einer Frage. • Die Sündenvergabe ist alleine durch den Glauben und die Einsicht möglich • Jesus als Diener der Menschen hat die Macht Sünden zu vergeben • Einzige Worte die direkt gesprochen werden, stammen von Jesus
11 Ich sage dir: **Steh auf, nimm deine Tragbahre, und geh nach Hause!** 12 Der Mann **stand** sofort **auf**, nahm seine Tragbahre und **ging** vor aller Augen **weg.**	**Hauptteil/ nahendes Ende:** Aktanten: Jesus, der Gelähmte, Menschenmenge Handlung: Jesus fordert den Gelähmten auf aufzustehen, seine Tragbahre zu nehmen und nach Hause zu gehen. Der gelähmte befolgt dies und kann zur Verwunderung aller Anwesenden wieder laufen. • Normwunder: Das Wunder selbst steht weniger im Vordergrund, eher der Beweis der Richtigkeit Jesus vorherheriger Aussage • Es werden Werte wie Vergebung und die Kraft des Glaubens vermittelt

2.2 Syntaktische und semantische Analyse

Im Zentrum der Perikope stehen drei Hauptakteure: Jesus als Heiler und „Menschensohn", der Gelähmte, sowie die Schriftgelehrten. Die exakte Anzahl der Schriftgelehrten bleibt jedoch aufgrund der ungenauen Angabe von „etlichen" (Vers 6) unbekannt. Zudem ist auch die Anzahl der Zuschauer unbekannt, da lediglich von Sammelbegriffen, die auf eine große Menschenmenge hinweisen, die Rede ist: „ Es versammelten sich **viele**" (Vers 2), „ da sie wegen der **Menge**" (Vers 4), „**alle** erstaunten" (Vers 12). Des weiteren wird in Vers 2 beschrieben „das kein Raum mehr war", was einen Eindruck von Enge und Starre vermittelt. Diese ungenaue Benennung lässt darauf hinweisen, dass der Fokus der Perikope nicht auf der Anzahl der Personen, sondern auf der Wunderheilung und dem Streitgespräch zwischen Jesus und den Gelehrten liegt. Als der Gelähmte durch das Dach direkt in die Mitte des Hauses herabgelassen wurde, gelangt er in den Mittelpunkt des Geschehens und die Menge wird in den Hintergrund gerückt. Dies wird weiterhin dadurch betont, dass Jesus den Gelähmten sofort anspricht, nachdem er „ihren" Glauben gesehen hat. Um wessen Glauben es sich handelt, bleibt offen. Man geht jedoch davon aus, dass es sich um den Glauben der vier Männer handelt, da sie keine Mühen gescheut haben um den Gelähmten zu Jesus zu bringen.[5] An dieser Stelle setzt jedoch nicht die zu erwartende Heilung ein, sondern die Schriftgelehrten treten hier (Vers 6) erstmals in der Szenerie auf. Es entwickelt sich bis Vers 9 ein Streitgespräch. Sie kritisieren Jesus als Gotteslästerer, da er sich Gottes Recht rausnimmt und Sünden vergibt (Vers 7). Jesus macht daraufhin allen deutlich, dass er diese Gedanken erkennt und stellt den Schriftgelehrten eine rhetorische Frage (Vers 9). Jesus beendet das Streitgespräch, indem er den Gelehrten verkündet, dass der Menschensohn die Vollmacht hat Sünden zu vergeben und indem er sich zu dem Gelähmten wendet. Ab Vers 11 wird die Heilungserzählung mit den Worten „Ich sage dir, steh auf, nimm dein Bett, und geh nach Hause" eingeleitet. Die Reaktionen der Schriftgelehrten sind unbekannt, jedoch ist davon auszugehen, dass sie vom Gejubel und Staunen der anderen Zuschauer beeindruckt werden., die Heilung aber missbilligen. Jesus hervorgehobene Stellung betont Markus durch die Bezeichnung „Menschensohn" in Vers 10, wodurch er verdeutlicht, dass er als „Gott" auf Erden Sünden vergeben kann. Des weiteren fällt auf, dass Jesus durch die ganze Perikope mit dem Personalpronomen „Er" bezeichnet wird. Einzig in den Versen 5 und 8 wird er bei seinem Namen genannt.

Die gesamte Perikope ist als Fließtext zu lesen. Die einzelnen Sätze werden durch diverse Konjunktionen verbunden. Besonders deutlich wird dies in den Versen 1 bis 4: „ Als er einige Tage später zurückkam (…), **da** brachte man einen Gelähmten zu ihm (…), **weil** sie ihn aber wegen der vielen Leute nicht bis zu Jesus tragen konnten, deckten sie dort, wo Jesus war, das Dach ab, schlugen die decke durch und ließen den Gelähmten auf seiner Tragbare durch die Öffnung hinab". Dieser Fluss wird durch die koordinierende Konjunktion „und" weitergeführt.

---

[5] https://www.bibelwissenschaft.de/bibelkommentar/beitraege-im-obk/detailansicht/ch/812bfc1a91bc07412d026f4d8157bfdb/?tx_gbbibelkommentar_main%5Bcomment%5D=82&tx_gbbibelkommentar_main%5Baction%5D=show&tx_gbbibelkommentar_main%5Bcontroller%5D=Comment

3. Form und Gattungskritik

Die vorliegende Perikope lässt aufgrund vieler Elemente auf die literarische Gattung einer Erzählung schließen. Dazu zählen, dass während der gesamten Perikope, außer in der direkten rede, das perfekt verwendet wird. Zudem stehen die Ereignisse in der Perikope in einem logischen Zusammenhang und werden durch die koordinierende Konjunktion „und" zu Parataxen verbunden. Dadurch entsteht ein flüssiger Erzählstrang. Die einzigen Unterbrechungen dieses Schemas bilden, wie oben bereits erwähnt, die direkte Rede Jesu und die der Schriftgelehrten in den Versen 5, 7, 8f und 12.

In den Versen 6 bis 10 spiegelt sich ein „apophthegmatischer Charakter" wider, da Züge eines Streitgespräches erkennbar sind, dieses jedoch ausschließlich durch die Rahmenerzählung den Charakter eines solchen erhalten würde.[6] Bei einem apophthegmatischen Charakter bzw. Einem Apothegma handelt es sich um eine „Kleinform, in der eine Geschichte biographischen Charakters erzählt wird, die immer ein kleines Gespräch enthält und mit einem kurzen, prägnanten (…) Spruchs des Protagonisten als Höhepunkt endet."[7] Der biographische Charakter der Perikope ist damit gegeben, dass diese den Anfang des öffentlichen Lebens Jesu einleitet.

Ein kommunikativer Dialog findet demnach nur in den Versen 8 bis 11 statt, da sich Jesus dort direkt an die Schriftgelehrten wendet, um ihnen sein Handeln zu erklären und seine Rolle als Menschensohn einzuleiten. Im Anschluss wendet er sich an den Gelähmten und fordert ihn auf aufzustehen und fortzugehen. Weitere Dialoge finden nicht statt. Die Aussage in Vers 12: „Solches haben wir noch nie gesehen", ist als Ausdruck des Staunens zu verstehen und nicht als direkte Rede an Jesus.

Daran knüpft die Frage nach dem „Sitz im Leben" die sich damit beschäftigt, aus welcher paradigmatischen Lebenssituation der Text bzw die Textgattung entstanden ist.[8] Aufgrund dessen muss die Frage gestellt werden, welche Funktion diese Erzählung erfüllt.

Die vorliegende Perikope hat gleich zwei Funktionen zu erfüllen: Einerseits stellt sie eine theologische Rechtfertigung des Anspruchs auf die Sündenvergebung dar, andererseits wird die Begegnung mit Hilfsbedürftigen und Notleidenden in den Vordergrund gerückt. Bei den Adressaten handelt es sich um einfache Menschen, denen christliche Werte, wie in diesem Fall

---

[6] Breuer, S.2.
[7] Vgl. Fischer, S.57.
[8] Tiwald Skript S. 31.

Vergebung in der Gemeinde zu ermöglichen, so wie Jesus es Vorbildhaft macht, vermittelt werden. So wäre ein erkennbarer „Sitz im Leben" ein Handeln nach Jesus Vorbild.

Aufgrund dieser Charakteristika handelt es sich bei dieser Perikope um eine Epideiktische Erzählung. Dabei handelt es sich um „Narrative Texte, die durch ihre Erzählung, Beschreibung oder Schilderung den Leser zu Bewunderung, Staunen, Abscheu, Nachahmung, ... führen wollen."[9] Genauer gesagt handelt es sich um ein sogenanntes Normwunder, da die Wertvermittlung und nicht das Wunder als solches im Mittelpunkt steht.

4. Patternanalyse

Nach dem Repertoire an Patterns eines Heilungswunders nach G. Theissen, treten über 50% der Eigenschaften auf die Perikope zu:

Kommen des Wundertäters	Vers 1: Jesus geht nach Kapernaum
Auftreten der Menge	Vers 2: Es versammelten sich viele
Auftreten des Gegenspielers	Vers 3: Man brachte einen Gelähmten
Motivation der/ des Gegenspielers	Wird nicht explizit genannt, indirekt geht man davon aus, dass das Motiv die Heilung des Gelähmten ist.
Charakterisierung der Not	
Annäherung an den Wundertäter	Vers 4: Abdecken des Daches
Zurückweisung	Vers 6 bis 7: „Schriftgelehrten, die dachten in ihrem Herzen: (...) Er lästert!"
Verhalten des Wundertäters	Vers 8 bis 10: Jesus stellt eine rhetorische Frage und erklärt, dass er als Menschensohn in der Lage ist Sünden zu vergeben
Szenische Vorbereitung des Wundertäters	
Wunderhandlung	Vers 11: Jesus fordert den Gelähmten auf zu gehen
Konstatierung des Wunders	Vers 12: Der Gelähmte geht fort
Verhalten der Gegenspieler	
Verhalten der Zwischenspieler	Vers 12: „Solches haben wir noch nie gesehen!"

---

[9] Tiwald, S.33.

9

Was jedoch fehlt ist die szenische Vorbereitung des Wunders, da sich der Ort während der Perikope auf das Haus beschränkt und es wird zudem nicht beschrieben, dass sich Jesus der Bahre nähert. Auch die Menge wird nicht ausgeschlossen, sondern schaut zu. Zudem fehlen die explizite Charakterisierung der Not, sowie die Annäherung des Gelähmten an den Wundertäter. Ein weiteres untypisches Merkmal welches ins Auge springt, ist das Verhalten der Gegenspieler, welches nachträglich in die Perikope verarbeitet worden zu sein scheint:[10] Sie werden nicht in der Exposition erwähnt, sondern tauchen im Mittelteil der Perikope auf, zudem wird ihre Reaktion auf die Heilung des Gelähmten Mannes nicht erwähnt, als wären sie nicht mehr präsent. Aufgrund ihrer kritischen Gedanken, kann man lediglich davon ausgehen, dass sie sich nicht über die Wundertat freuen, sondern eher zu Gegnern Jesu werden.

5. Motiv- und Traditionskritik

Da nun die Gattung, Unregelmäßigkeiten und der „Sitz im Leben" der Perikope genaue bestimmt wurden, folgt nun die Analyse der Motiv- und Traditionskritik. Diese beschäftigt sich mit der Frage, woher die Motive in der Perikope stammen und in welcher Tradition diese weiterentwickelt wurden.

„Menschensohn" ist bei Markus eines der wichtigsten theologischen Hoheitstitel für Jesus, welcher zwei traditionsgeschichtlichen Wurzel aufweist:

1. Die Erwartung eines endzeitlichen Heilsmittlers, wie sie in Dan 7,12 verkündet wird

2. Die Präsentation des Propheten in Ez 2,1

Diese Erwartungen des Alten Testament ließ Markus mit in diese Periskope einfließen. Dies tut er, indem er Jesus als Menschensohn, als Diener von und für die Menschen, Gottes Vollmacht hat, Sünden zu verzeihen. Gott handelt somit durch ihn, was Jesus in MK 2,10 weiter erklärt.[11]

Eine weitere Tradition versteckt sich dahinter, dass Markus das Haus Jesu als überfüllt, was ein Gefühl der Enge hervorbringt, beschreibt. Dies tut er vermutlich, damit Jesus als wichtige Person hervorgehoben wird. Zudem unterstreicht dies Jesus Charisma, welches viele Menschen anlockte und begeisterte.

---

[10] Vgl. Wehr S.2.
[11] Vgl. Söding, S.31.

Am typischsten für Markus ist das Streitgespräch zwischen Jesus und den Schriftgelehrten. Diese Streitigkeiten spitzen sich im Laufe des Markusevangelium immer weiter zu, bis sie ihren Höhepunkt in der Verurteilung Jesu durch Pontius Pilatus erreichen. Hiermit wird bestätigt, dass Markus sein Evangelium auf die Passion Jesu ausrichtete.

6. Überlieferungs- und Traditionskritik

Aufgabe der Überlieferungskritik ist es, die zu thematisierende Periskope zur mündlichen Überlieferung zuzuordnen. Zudem wird in der redaktionskritischen Betrachtung untersucht, welche literarischen Traditionen in den Text eingeflossen sind.

Die moderne Bibelforschung geht davon aus, dass das Markusevangelium, neben Q und Sondergut, den Autoren des Lukas und Matthäus Evangeliums vorlag. Als Beweis dient die Tatsache, dass 660 von 661 Versen des Markusevangeliums bei Matthäus und 350 Verse bei Lukas zu finden sind. Um diese Tatsache zu untermauern, wird im folgenden ein synoptischer Vergleich der Wunderheilung erstellt:

Lk 5, 17-216	Mk 2, 1-12	Mt 9,1-8
17 Eines Tages, als Jesus wieder lehrte, saßen unter den Zuhörern auch Pharisäer und Gesetzeslehrer; sie waren aus allen Dörfern Galiläas und Judäas und aus Jerusalem gekommen. Und die Kraft des Herrn drängte ihn dazu, zu heilen. 18 Da brachten einige Männer einen Gelähmten auf einer Tragbahre. Sie wollten ihn ins Haus bringen und vor Jesus hinlegen. 19 Weil es ihnen aber wegen der vielen Leute nicht möglich war, ihn hineinzubringen, stiegen sie aufs Dach deckten die Ziegel ab und ließen ihn auf seiner Tragbahre in die Mitte des Raumes runter, genau vor Jesus hin. 20 Als er ihren Glauben sah, sagte er zu dem Mann: Deine Sünden sind dir vergeben. 21 Da dachten die Pharisäer und die Schriftgelehrten: Wer ist das, dass er solche Gotteslästerung wagt? Wer außer Gott kann Sünden vergeben? 22 Jesus aber merkte, was sie dachten, und sa sagte zu ihnen: Was habt ihr für Gedanken im Herzen? 23 Was ist leichter, zu sagen: Deine Sünden sind dir vergeben!, oder zu sagen: Steh auf und geh umher? 24 Ihr sollt aber erkennen, dass der Menschensohn die Vollmacht hat, hier auf Erden Sünden zu vergeben. Und er sagte zu dem Gelähmten: Ich sage dir, Steh auf, nimm deine Tragbahre und geh nach Hause! 25 Im gleichen Augenblick stand der Mann vor aller Augen auf. Er nahm die Tragbahre, auf der er gelegen hatte, und ging heim, Gott lobend und preisend. 26 Da gerieten alle außer sich; sie priesen Gott und sagten voller Furcht: Heute haben wir etwas Unglaubliches gesehen.	1 Als er einige Tage später nach Kafarnaum zurückkam, wurde bekannt, dass er (wieder) zu Hause war. 2 Und es versammelten sich so viele Menschen, dass nicht einmal mehr vor der Tür Platz war, und er verkündete ihnen das Wort. 3 Da brachte man einen Gelähmten zu ihm; er wurde von vier Männern getragen. 4 Weil sie ihn aber wegen der vielen Leute nicht bis zu Jesus bringen konnten, deckten sie dort, wo Jesus war, das Dach ab, schlugen (die Decke) durch, und ließen den Gelähmten auf seiner Tragbahre durch die Öffnung hinab. 5 Als Jesus ihren Glauben sah, sagte er zu dem Gelähmten: Mein Sohn, deine Sünden sind dir vergeben. 6 Einige Schriftgelehrten aber, die dort saßen, dachten im Stillen: 7 Wie kann dieser Mensch so reden? Er lästert Gott. Wer kann Sünden vergeben, außer der einen Gott? 8 Jesus erkannte sofort, was sie dachten, und sagte zu ihnen: Was habt ihr für Gedanken im Herzen? 9 Ist es leichter, zu dem Gelähmten zu sagen: Deine Sünden sind dir vergeben!, oder zu sagen: Steh auf, nimm deine Tragbahre und geh umher? 10 Ihr sollt aber erkennen, dass der Menschensohn die Vollmacht hat, hier auf Erden Sünden zu vergeben. Und er sagte zu dem Gelähmten: 11 Ich sage dir: Steh auf, nimm deine Tragbahre und geh nach Hause! 12 Der Mann stand sofort auf, nahm seine Tragbahre und ging vor aller Augen weg. Da gerieten alle außer sich; sie priesen Gott und sagten: So etwas haben wir noch nie gesehen.	1 Jesus stieg in das Boot, fuhr über den See und kam in seine Stadt. 2 Da brachte man auf einer Tragbahre einen Gelähmten zu ihm. Als Jesus ihren Glauben sah, sagte er zu dem Gelähmten: Hab Vertrauen, mein Sohn, deine Sünden sind dir vergeben! 3 Da dachten einige Schriftgelehrte: Er lästert Gott. 4 Jesus wusste, was sie dachten, und sagte: Warum habt ihr so böse Gedanken im Herzen? 5 Was ist leichter, zu sagen: Deine Sünden sind dir vergeben!, oder zu sagen: Steh auf und geh umher? 6 Ihr sollt aber erkennen, dass der Menschensohn die Vollmacht hat, hier auf Erden Sünden zu vergeben. Darauf sagte er zu dem Gelähmten: Steh auf, nimm deine Tragbahre, und geh nach Hause! 7 Und der Mann stand auf und ging heim. 8 Als die Leute das sahen, erschraken sie und priesen Gott, der den Menschen solche Vollmacht gegeben hatte.

Hierbei springt besonders ins Auge, dass die Heilung des Gelähmten bei Markus und Matthäus zum gleichen Zeitpunkt stattfindet. Zudem wird nur bei Markus und Lukas erwähnt, dass aufgrund der vielen Menschen das Dach abgedeckt wurde, um den Gelähmten zu Jesus zu bringen. Dieser Punkt fehlt bei Matthäus. Des Weiteren fällt auf, dass die größten inhaltlichen Unterschiede in der Exposition und im Schlussteil liegen: Während Markus nur erklärt, dass viele Leute zu Jesus kommen, zählt Lukas die Städte auf (alle Dörfer Galiläas, Judäas und Jerusalem), aus denen die Menschen gekommen sind um Jesus Wort zu erhören. Dies unterstreicht die Bedeutsamkeit Jesu zur damaligen Zeit. Die Menschen waren bereit weit zu reisen, nur um die Worte des Herrn zu empfangen. Lukas ergänzt die Perikope auch, indem er Jesus drang zur Heilung (Vers 17) unterstreicht.

Die kürzeste Ausgabe der Perikope wurde hingegen von Matthäus verfasst. Er beschränkt sich auf die wichtigsten Ereignisse: Jesus Ankunft, Kommen des Gelähmten, Vergebung der Sünden. Streitgespräch, Menschensohn, Heilung. Hier gibt es keine Menschenmenge als Beobachter und Zeugen. An einigen Stellen fügt er jedoch eigene Aussagen hinzu „Hab Vertrauen", „böse Gedanken", führt diese aber nicht weiter aus und hält sich knapp. Der chronologische und inhaltliche Ablauf bleibt demnach wie bei Mk und Lk.

Auffallend ist, dass bei allen drei Evangelien die Verse 1 (Mt), 5 (Mk) und 20 (Lk) identisch vom Wortlaut sind.
Meiner Meinung nach diente Markus definitiv Lukas und Matthäus als Vorlage für ihre Evangelien, da sich die meisten Elemente der Perikopen ähneln . Dennoch haben Matthäus ,sowie Lukas andere Schwerpunkte und eigene Akzente auf die Heilung gelegt und die Periskope an einigen Stellen verändert und erweitert. Beispielsweise treten bei Lukas neben den Schriftgelehrten erstmals die Pharisäer auf und die Städte aus denen die Menschen kamen werden benannt. Diese Informationen können aus seinem eigenen Sondergut oder aus Q stammen. Bei Matthäus wird wie oben schon erwähnt alles unnötige, beispielsweise die Menschenmenge in der Exposition, weggelassen.

7. Einzelauslegung

Bei dieser Methode werden die einzelnen Verse der Perikope Mk 2, 1-12 untersucht:
Als Einleitung der Perikope dienen die Verse 2, 1-2. Mit ihnen wird das öffentliche Wirken Jesu in Galiläa eingeleitet. Vorab hat er nur in einem kleinen Kreis (die Schwiegermutter des

Petrus, den Besessenen und den Aussätzigen) Wunder vollbracht. Diese Wundertaten verbreiteten sich anscheinend rasch in Kafernaum, da sich viele Menschen vor seinem Haus versammelten nur um sein Wort zu hören. Zudem dienen die Verse als Einleitung für die Wunderheilung.

Die Verse 3 bis 4 beschreiben das Auftreten des Gelähmten, dessen vier Begleitern und dessen Annäherung an Jesus. Seine Not wird durch die vielen Menschen, die ihm den Weg zu Jesus versperren, gesteigert. Seine Verzweiflung und Hoffnung auf Heilung erreichen einen Höhepunkt, als seine Gefährten das Dach über Jesus abdecken und ihn hinablassen.

Jesus bemerkt den Glauben der Männer in Vers 5 und erlässt dem Gelähmten seine Sünden. Diese Aussage: „ Mein Sohn, deine Sünden sind dir vergeben!" Ist besonders hervorzuheben, da sich Jesus durch die Aussage „Mein Sohn" den Menschen auf Augenhöhe begegnet und sich wie ein Vater um sie sorgt. Daher wird die Verbindung zwischen Gott- Jesus- Mensch deutlicher. Jesus liefert hier einen Einblick in den Willen und das Handeln Gottes, der durch ihn wirkt. Somit wird Gott zum handelnden Subjekt durch Jesus.[12]
In Den folgenden Versen 6 bis 10 wird demnach eine Urfrage des Christentums diskutiert: Kann/ Darf Jesus Sünden erlassen? Diese Frage bzw. Diskussion wird durch die negativen Gedanken der Schriftgelehrten in Vers 6 eingeleitet. Sie kritisieren die Sündenerlassung Jesu, da alleine Gott das Recht hat Sünden zu vergeben. Da Jesus jedoch nie gesagt hat, dass alleine er, ohne die Erlaubnis Gottes, die Vollmacht besitzt Sünden zu erlassen, wirkt diese Kritik unangebracht. In seiner Antwort sagt er lediglich „Ihr sollt aber erkennen, dass der Menschensohn die Vollmacht hat, hier auf Erden Sünden zu vergeben." Was so viel bedeutet wie: Ich habe die Vollmacht Gottes bekommen neben ihm Sünden zu vergeben. Das sich Jesus selbst als „Menschensohn" beschreibt, ist ein typisches Motiv im Markusevangelium. Es unterstreicht die Stellung Jesu als Diener der Menschen, der ihnen auf Augenhöhe und ohne Vorurteile begegnet. Es erschafft die Illusion von einem menschennahen „Gott", der immer an der Seite seines Volkes stehen wird. Diese Aussage zählt somit zu den Herrenworten, die Jesus in den Mund gelegt wurden, um die Intention des Autors zu unterstreichen. Diese war nach Peter Dschulnigg, dass „Gottes Heilshandeln in Jesus als heilige Geschichte und Grundlage des Glaubens erzählt

---

[12] Don Seite 21

wird".[13] Das gesamte Streitgespräch wirkt zudem, wie bereits erwähnt, die Schriftgelehrten nachträglich in die Wunderheilung eingefügt. Sie werden weder in der Exposition, noch im Schlussteil eingefügt oder erwähnt.

Das Ende des 10 Verses leitet dann das Normwunder an sich ein. In den kommenden Versen spricht Jesus zum Gelähmten und fordert ihn auf auszustehen, seine Tragbahre zu nehmen und nach Hause zu gehen, was der Mann befolgt. Die beobachtende Menschenmenge erstaunt, in positiver Weise, und preist Gott. Diese Heilung wird als Norm für die christliche Sündenvergebung geraucht.

8. Theologische Kritik

Da es sich bei dem vorliegenden Text um eine Perikope vom Evangelisten Markus handelt, sind für Markus typische Überzeugungen und Merkmale in ihr wiederzufinden.
Dafür werden die zwei wichtigsten Aussagen der Perikope erneut ins Gedächtnis gerufen: „Mein Sohn, deine Sünden sind dir vergeben!" und „Ihr sollt aber erkennen, dass der Menschensohn die Vollmacht hat, hier auf Erden Sünden zu vergeben!" Das Wort „Vollmacht" wird in Dan 7 als Bezeichnung für die weltumspannende Macht des Menschensohnes benutzt.[14] Dadurch, dass Markus dieses aufgreift, weist er Jesus eine besondere Stellung zu. Somit beschreibt er hier schon die kommende Gottesherrschaft. Dabei kommt Gott seinem Volk durch den „Menschensohn" Jesus näher. „Den Menschen diese wohltuende (…) Herrschaft mitzuteilen, die sich von allen anderen Herrschaften unterscheidet", entspricht der messianischen Sendung Jesu, die in seinen Heilungen den Menschen deutlich wird.[15] Der Titel „Menschensohn" ist zudem „ein Geheimtitel für den Messias, der vom Himmel als Weltenrichter kommt."[16] So wird der Messias in Dan 7, in der jüdischen Apokalyptik, im Buch Henoch und im vierten Buch Esra beschrieben.[17]

---

[13] Dschulnigg, Markusevangelium, S. 50. Peter Dschulnigg, Das Markusevangelium (Theologischer Kommentar zum Neuen Testament 2), Stuttgart 2007 (kurz: Dschulnigg, Markusevangelium)

14

[15] Vgl. Sieger, S2.
[16] schniewind, s. 43
[17] Ebd.

Das der Hoheitstitel von den Gelehrten in der Perikope missverstanden wird, unterstreicht zudem die Menschlichkeit Jesu. Er hat mit den selben Problemen zu kämpfen wie alle Anderen: Auf seinem Weg trifft er immer wieder auf Missverständnisse.

Festgehalten wird nun, dass in diesen Verse auf den theologischen Aspekt des auf erden wirkenden, irdischen „Menschensohns" hingewiesen wird.

Hierbei wird er von Markus nicht als Herrscher dargestellt, sondern Jesus fordert eine Gemeinschaft des Dienstes füreinander. Dabei sollen sich alle auf Augenhöhe begegnen, sich gegenseitig helfen und vergeben, nur so kann wirksames Heil auf Erden kommen. So wird es schon in Henoch und Esra vorhergesagt, wo der Menschensohn Züge des Gottesknechtes aus Deuterojesaja trug.[18]

Dieser Titel endet in einem weiteren markuspezifischen Motiv: Dem Messiasgeheimnis.

Nach Markus verbietet Jesus seinen Jüngern Wahrheiten, die sie erkannt zu haben scheinen, weiterzutragen, da der Titel des Messias, ohne sich der Bedeutung Jesu klar zu sein, nie gefasst werden könnte.[19]

Wenn man dieses Motiv genauer betrachten möchte, muss man sich auf das ganze Evangelium beziehen. Da man in der Wunderheilung selber nichts davon wiederfindet. Es spiegelt sich hier nur die Auswirkungen des Wunders wider. Den innersten Sinn und die innerste Bedeutung der Heilung bemerkt die Menge nicht. Nur Jesus Gegner, die Schriftgelehrten, erahnen Jesus Bedeutung.[20]

Das Evangelium an sich wurde so konzipiert, dass es auf die Passion Jesu ausgerichtet wurde. Es ist das einzige Evangelium welches einen Erzählsprung mit einem Spannungsbogen aufweist. Erst durch die Selbsthingabe am Kreuz wird die Messiasidentität greifbar, ohne den Tod am Kreuz und die darauffolgende Auferstehung sei der Begriff des Messias missinterpretiert.[21]

Markus ist dafür bekannt, dass wenig Mission in heidnischen Gebieten, sondern vielmehr beim Volk Israels stattfindet. Daher ist davon auszugehen, dass die Stadt Kafernaum kein zufälliger Schauplatz war. Die Gründung des Ortes vollzog sich im 2. Jahrhundert vor Christus. Es lag am Nordufer des Sees Genezareth im Norden von Galiläa.[22] Markus beschreibt, dass Jesus nach der Festnahme des Johannes (1, 14) nach Galiläa ging. Dort traf er Simon und seinen Bruder Andreas und Jakobus und dessen Bruder Johannes (1, 16-19). Vom galiläischen Meer gingen

---

[18] Ebd.
[19] Vgl. Sieger, S.2
[20] ebd.
[21] Ebd.
[22] http://www.land-der-bibel.de/seegenezareth/kapernaum/kapernaum.htm

sie zusammen in die Stadt Kafernaum (1, 21). Dort verbreitet Jesus seine Lehre in der Synagoge und lebt im Haus des Petrus.[23] Somit sind viele wichtige Personen Jesu an einem Ort. Mittlerweile geht die Archäologie sogar davon aus, dass Kafernaum auch der Herkunftsort Jesu sei, da Nazareth zu Jesus Lebzeiten viel zu klein war, um eine Zimmermann Familie zu beschäftigen.[24] Daher befinden wir uns in Kafernaum auf jüdischem Gebiet, dass nahezu perfekt war für die Heimat des Messias des Volkes Israel.

---

[23] Ebd.
[24] Ebd.

Literaturverzeichnis

Primärtext

Katholische Bibelanstalt Stuttgart (Hg.): Einheitsübersetzung der Heiligen Schrift/ Hg. i.A. der Bischöfe Deutschlands u.a. Stuttgart 1980.

Sekundärtexte

Bormann, Lukas, Bibelkunde Altes und Neues Testament ,Theologie, Religion, Göttingen 2005.

Dschulnigg, Peter, Das Markusevangelium, ThKNT Bd. 2, Stuttgart 2007.

Fischer, Georg, Wege in die Bibel, Leitfaden zur Auslegung, Stuttgart 2000.

Gnilka, Joachim, Das Evangelium nach Markus: Teilband 1: Mk 1,1- 8,26, EKK, Bd. 1, Neu-kirchen- Vluyn [2] 2015.

Klumbies, Paul-Gerhard, Der Mythos bei Markus, Beihefte der Zeitschrift für die neutestament-liche Wissenschaft, Berlin 2001.

Lührmann, Dieter, Das Markusevangelium, HNT Bd. 3, Tübingen 1987.

Schenke, Ludger, Das Markusevangelium, Literarische Eigenart, Text und Kommentierung, Stuttgart 2005.

Schmithals, Walter, Das Evangelium nach Markus, ÖTK Bd. 2, Gütersloh 1979.

Schniewind, Julius, Das Evangelium nach Markus, Göttingen [12 (Online- Ausg.)] 1977.

Schweizer, Eduard, Das Evangelium nach Markus, Göttingen [8] 1998.

Tiwald, Markus, Reader zu der Lehrveranstaltung „Die Bibel, ein Buch mit sieben Siegeln?".

Internetquellen

Bibel und Gemeinde: Art. Krankheit und Gesundheit in der Bibel, 2015, aus Bibel und Ge-meinde 107, Bd. 3 und 4, 2007 https://bibelbund.de/2015/03/krankheit-und-gesundheit-in-der-bibel/ Zugriff vom 12.09.2018.

Breuer, Thomas: Heilung und Sündenvergebung. Exegetische und didaktische Überlegungen zu einer bekannten, aber schwierigen Wundererzählung, 2001, http://www.theophil-on-line.de/philolog/mflog1.htm, Zugriff vom 30.08.2018.

http://www.land-der-bibel.de/seegenezareth/kapernaum/kapernaum.htm, Zugriff vom 06.09.2018.

BEI GRIN MACHT SICH IHR WISSEN BEZAHLT

- Wir veröffentlichen Ihre Hausarbeit,
  Bachelor- und Masterarbeit

- Ihr eigenes eBook und Buch -
  weltweit in allen wichtigen Shops

- Verdienen Sie an jedem Verkauf

**Jetzt bei www.GRIN.com hochladen
und kostenlos publizieren**